JACIRA FÉLIX

LIBERTAR DE MEUS PENSAMENTOS

O libertar de meus pensamentos

Jacira Félix

Índice

Na frase "Tu não és capaz" o erro está na frase e na pessoa que a disse

Jacira Félix

Abrace sempre, o abraço é como um remédio para o doente, uma descoberta para um cientista, um você é necessário para um ser humano…

Jacira Félix

Minha mãe guerreira

As três horas da manhã está acordada
De joelhos no chão ao pé da cama
Com a vela acesa orando por seus filhos

É uma longa caminhada que todos os dias ela passa
Minha mãe sempre foi uma mulher batalhadora
Defendia seus filhos com unhas e dentes,
Mas não confunde isto com mimo

Logo ao clarear saia de casa
Para o matabicho não faltar na nossa mesa
Este é o exemplo de mulher que eu tenho
Que jamais trocaria por outro alguém

Nas dificuldades só ela me entende
Não me julga me compreende,
Me carregou nove meses, mas mais do que isso
Ela é guerreira, forte, dedicada

Mulher de oração e de bom coração
Gostaria eu que fosses eterna
Para desfrutar de tudo quanto os teus filhos
Por teu esforço conseguiram alcançar.

Perdidos

Perdidos estamos nós no nosso universo

Nossa loucura, nossos medos e momentos

Quando estamos sozinhos nem as horas vimos passar,

Os dias sem ti são estranhos,

Pesadelos dos quais quero acordar

Lembro-me das nossas gargalhadas ao pôr do sol Sem

pressas e preocupações

Sem interesses ocultos, cheias de emoções

Simples, sinceras e inocentes

Na conversa de dois jovens

Tentando mostrar ao mundo

Que certas atitudes tornam-nos diferentes

E que o puro amor ainda existe

Só precisamos usar a arte de tentar.

Um segredo meu

Não dá para olhar para ti e ser indiferente

Me perco no teu olhar

Embora não seja tão inocente

Tens um jeito único de ser

Às vezes queria não o conhecer

Para este sentimento não chegar a nascer

Por vezes me perco em pensamentos

Certas horas nem me reconheço,

Mas sei que não dá para avançar

Sei que meu coração ficará quebrado ao regressar

Por isso vou me calar

Este sentimento apagar

Pode até chegar a doer,

Mas não dá para ficares a saber.

Socorro

São muitos os dias que acordo solitária

Apesar de ter pessoas ao meu lado

São dias meio escuros que às vezes

Não gostaria de ter acordado

Não é frescura, não é vontade

É um sentimento, não é vaidade

Parece que nestes dias ninguém te entende

É um pedido de socorro

Vê se me percebem

São vários sorrisos dados, embora estejam vazios São

vários problemas que me assolam

Por vezes preciso de um ombro amigo

E quando às vezes mando mensagens

Presta atenção, pode ser um pedido de socorro

E eu vou continuar a pedir ajuda,

Só peço que me entendam e que me escutam.

Estranhos

Nós tornamos dois estranhos
Que não têm nada à dizer
Que partilharam momentos incríveis
Que não dá para esquecer

Dois estranhos, que caminhavam juntos
Debaixo do luar
Que trocaram olhares que chegaram a se apaixonar,
Mas qualquer coisa não deu certo

Não sei exactamente o que é, é meio incerto,
Mas não dá para reclamar,
Agora somos só dois estranhos

Que partilhavam auriculares no autocarro
Para ouvir a mesma música
Que partilharam sonhos, sorrisos, abraços e beijos
Que tinham algo que não era para ser desfeito.

Desejei

Desejei não amar-te mais por causa dá tua tolice,

Do qual eu sou cúmplice, por gostar de ti.

Desejei não amar-te mais,

Por causa de não me controlar ao pé de ti

E deste sentimento que sempre encobri.

Desejei não amar-te mais

Por não ser capaz de te olhar nos olhos

E dizer o que sinto por seres diferente comigo

Sem perceberes como me sinto.

Desejei não amar-te mais

Pelo medo de seguir meu coração.

Por diversas coisas

Que tornaram-se obstáculos para mim

E pelo desejo infinito de estar ao pé de ti.

Desejei não amar-te mais

E deixar ignorar as coisas

Que me fazem trilhar novos caminhos

E brilhar muito na vida de quem para ele

Sou inesquecível

Não estou despedaçando meu coração

Só finalmente estou tomando boas decisões.

Paixão

Não sei como, mas me apaixonei
Como aconteceu não sei, apenas vou tentar explicar,
Mas não sei por onde começar.
Estar apaixonada é um estado de demência temporária
É ficar desinibida,

É passar o dia com um sorriso parvo no rosto
É falar agora e pensar depois
É como se o nosso córtex pré-frontal
Não funcionasse

Pois o planeamento de comportamentos
E as tomadas de decisões
Parecem deixar de funcionar
Kant dizia que era uma doença.

Eu digo que é um desastre,
Sei lá como agir agora,

Embora sempre acreditei

Que deste castigo iria me livrar

Por vezes me ponho a pensar,

Se seria mais fácil abandonar

Ou simplesmente abrandar

Este sentimento que paira no ar.

Mas parece que de nada servirá,

Este sentimento que surge em minha cabeça

De forma intensa

Pois por mais que tente

Deste sentimento

Nenhum ser humano conseguiu se livrar.

Sem respostas

Acordo pela manhã, tentando me lembrar.

De alguma forma existente em minha mente,

Para te reconquistar, sei que perdi a oportunidade Que

tinha, ao não amar-te como devia.

Lembro-me ainda de teu sorriso, teu jeito de ser,

Perdoa-me pelo pouco tempo de dedicação

E desculpa se parti o seu coração.

Espero que sejas feliz, e saiba que sempre te quis.

Embora seja tarde, muitas vezes fui covarde,

Quero que encontres alguém

Que te valoriza de verdade.

Agora vai, não hesites mais,

Pois já perdi a chance,

De viver este romance.

Liberta-te

Abre-te a vida pois é um novo dia

Abre a janela deixa está brisa maravilhosa entrar

Por hoje tenta apenas ver as coisas

De perspectiva diferente,

Sorri alegremente da piada de suas amigas

Na qual uma é retardada,

Outra diz tudo na cara

Têm sempre uma assanhada

Outra é inocente

E outra que parece ser extremamente diferente

Alegra-te com aquele amigo

Que te ensina de tudo um pouco

Alegra-te com o crush que nem sabe que é seu

Alegra-te porque a alegria é contagiante.

Livros

Amo livro desde que me lembro
Me ajudam a viajar, me fazem sonhar
É um vício meu, poucos entendem

É um sentimento inexplicável,
Mas muito agradável
Sei lá, se ler transforma a pessoa

Não vejo mal em ler
Livros mudam pessoas,
Pessoas mudam o mundo
Leiam livros transformem o mundo
Do resto não há nada que saber.

Se atreve

E quando nada der certo escreve

Talvez o papel te compreende

Pode até não ter muito sentido,

Mas o sentes um alívio, é diferente

Reflexões e problemas

Tendem a diminuir à medida que se escreve

Julgar todos o fazem

No teu lugar jamais se atrevem estar

Então preenche estas páginas em branco que faltam

Não deixa nada, se atreve a ser ousada

Faça dos pensamentos uma estória

Não deixa que tudo isto

Se torne apenas uma memória.

Beleza angolana

Mulher um ser belo e maravilhoso
Um ser magnífico e extraordinário
Com a tua beleza única
Negra, maravilhosa e muito acolhedora

Nossas mulheres não precisam de padrões
Seja gorda ou magra, não tem importância
Mulher de caracter e muito inteligente

Uma mulher de virtudes
É batalhadora, que transforma um lugar num lar
Ela é negra, ela é forte.
Teve vários exemplos,
Destemida que nem Rainha Nzinga,.

Sê a mulher que o mundo precisa
Espalhe amor
E mostre a ele tua capacidade e beleza
Tu que és guerreira por natureza.

Sei lá

O que as pessoas procuram?

Não sei exactamente, se é o que querem

Procuramos nossos opostos,

Mas com uma certa igualdade

Procuramos um porto seguro

Procuramos não alguém para competir

Mas para nos apoiar

Procuramos pessoas que gostem do nosso melhor

E que nos ajudam no nosso pior

Procuramos amizade acima de tudo

Procuramos reciprocidade, respeito e liberdade

E às vezes procuramos,

O que nem em nós podemos encontrar,

Mas determine bem o que as de procurar,

Pois quando não sabemos o que queremos

Tudo quanto achamos parecera solução.

Desejar pouco é ser pequeno, para ser grande temos que desejar mais.

Jacira Félix

Lições

Eu acredito que toda pessoa é capaz de fazer tudo

E mais alguma coisa

Ninguém seria tão sortudo

A ponto de saber fazer tudo

E ninguém seria tão azarado

A ponto de não saber fazer nada

Penso que sorte não existe

Parece estranho, repare bem

Eu disse seria tão sortudo e não é tão sortudo

O que existe é dedicação e preguiça

Penso que ninguém devia ter em conta

Opiniões dos outros

Mas criar a sua própria opinião

Penso que pessoas devem questionar-se de tudo.

Afinal o que seria o conhecimento sem fundamentos

Penso que a pior pobreza é a falta de criatividade

Penso que cada pessoa é como um livro

Logo ninguém gosta de ler todos os géneros

Penso que toda criança deve ser livre de sonhar,

Mas nenhuma deve desrespeitar ninguém

Penso que se cada pessoa deve saber

Que gindungo no olho do outro não é refresco

Chamar nomes, ofender fisicamente

Ou, moralmente alguém

Nunca lhe ajudará a melhorar

Elogios são dados como uma forma de valorizar.

Desfrute de Angola

Desfrute do pôr-do-sol

E da maneira que ele torna o céu mais lindo

Desfrute da fria brisa da Huíla

E a vista que a estátua de Cristo Rei oferece

Desfruta da beleza das quedas de Kalandula

E das pedras negras de Malange

Desfruta a tradição, os contos que o Kulumbimbi

E todo Zaire oferece,

Desfruta a praia morena de Benguela

Desfruta o morro dos veados

Visite a ilha do Mussulo

Saboreie a nossa gastronomia

Saboreie o melhor de Angola, o nosso funge,

O catato, a fumbua e o calulu

Saboreie a nossa kissangua

O sumo de mucúa e o maruvo

Descubra a nossa fauna, a palanca negra gigante

A Welwitschia Mirabilis

Aprecie a nossa cultura

Nosso semba, nosso Kuduro ´

Aprecie o nosso carnaval

Aprecie a alegria do povo angolano

Que apesar dos problemas

Exibe sempre o sorriso no rosto.

Silêncio

Procure um lugar calmo e esteja em silêncio
Por vezes precisas de um tempo consigo mesmo
Reflicta o que é melhor para si
Liberte-se das distracções, procure o foco
A ninguém poderás culpar
Sobre as más escolhas de hoje

Neste silêncio aproveite analisar
Que decisões relevantes ao longo do dia
Foram tomadas
E de que forma podes melhorar.

Trabalhe, trabalhe muito, mas em silêncio
E deixa que o resultado disto
O sucesso faça barulho.

Loucura de estudante

Que o nosso amor seja mais infinito

Que cada problema tenha um fluxograma

Que apresente uma solução

Que o nosso relacionamento,

Sejamos apenas nós dois

Que nem números binários

Que não falte comunicação

E estejamos sempre na mesma rede

E que as possibilidades de nos separamos

Seja a percentagem do somatório de todas as forças

Vêm e seja o alicerce da minha construção

O motor do meu veículo

O processador da minha placa mãe

Mas o que estou aqui a dizer

Olhem só o que a engenharia me faz fazer.

Pais e não financiadores

Precisamos de pais que acompanhem os filhos

Pais que têm um tempinho sempre reservado a eles

Pais que não cumprem capricho deles

Que ensinem os filhos a tratar

A directora e a senhora da limpeza da mesma forma

Pais que ensinam que o dinheiro não caí do céu

Pais que saibam os bonecos preferidos do filho

Que conheçam eles e os filhos

Lhes consideram melhores amigos

Pais que mostram que os filhos

Não são o centro do mundo

Pais que ensinem a tratar bem cada coleguinha da

Escola independentemente do traje

Pais que ensinem que Deus têm extrema importância

No seio da família

Pais que não voltem bêbados a casa

Mães que não abandonem o filho em qualquer lado

Como se fosse um fardo

Precisamos de pais protectores, pais que conversam

Pais que saibam ignorar os telefones

Os trabalhos da empresa quando estão com a família

Precisamos de pais que entendam

O real sinónimo de uma família.

Derreteu

Juro que a ideia não era esta

Pois era eu que julgava idiota

Em tudo quanto diziam sobre a paixão

Mas me vi obrigada a escrever sobre isso

E já que vou fazê-lo, melhor fazer da melhor forma: E

do teu olhar notei algo cintilante

No teu sorriso um certo charme

Dos nossos pensamentos uma certa cumplicidade

Da nossa história uma obra de arte

No qual dilemas sempre fizeram parte

Mas todo romance tem a sua fragilidade

Teu perfume chega a inebriar-me

Por vezes em minhas tertúlias gozam comigo

Por não reconhecer do que foi feito

Da garota de coração de gelo

Ela ainda está aqui,

Só que o teu coração é que está meio boelo.

Desapega

Desapega de tudo que te faz mal

Desapega das pessoas que lhe sugam alegria

Desapega de tudo que não é reciproco

Desapega das pessoas

Que querem ter total controle de ti

Desapega do projecto que não vai avante

Desapega das pessoas que criticar

É seu pão de cada dia

A poucas coisas demos o real valor que merecem

Desapega de tudo quanto é desnecessário.

Uma boa amizade

E não é pelo facto de não falarmos todos os dias Que

deixaremos de ser amigas

Não é pelo facto de a nossa última saída

Ter ocorrido há três meses

Que faz de nós meras conhecidas

Independentemente do que acontecer

Estarei aqui para ti

Pode ser que a faculdade, trabalho ou até o lar

Nos tenha roubado parte do nosso tempo

Mas o bom da irmandade é que difere do resto

Parte da nossa identidade depende de nossos amigos

Nesta parte a vida fez arte

Cada memória, cada momento

Às vezes nem fotos juntas, nós temos

Porque a companhia é tão agradável

Que tu esqueces de registar

E meio que ficamos perdidas no tempo

Da minha vida, tu ainda fazes parte

E gostaria que se mante-se assim

Da tua amiga que escreve um poema

E deseja entregar-te

E continua te amando não por obrigação

Mas de boa vontade

Bost

Queiram desculpar-me pelo português que vou usar

Não encontrei nenhuma palavra

Que pudesse se assemelhar

Ao título do poema que pretendo recitar

Mas é o estado em que estou então tentem analisar

Pois no título do meu poema só falta a letra "a" Certas

vezes de várias formas surgem problemas

Várias adversidades tua vida fica

Em extrema desordem

Às vezes nem sempre, não queres falar com ninguém

Colocas uma playlist conhecida clicas no play

Porque apesar do céu ser limpo,

Dias há que ele só fica nublado

Estes dias são importantes por vezes

Eles ajudam a reflectir o que sucede

Não significa que não vou voltar a sorrir Só que há dias que a vida te coloca assim.

Aborto

Socorro, socorro querem tirar-me a vida
Mesmo ainda inocente sem ter visto o mundo
Minha mãe está nervosa e disse que não me queria
Mas porque então ela fez o acto que me trouxe a vida

Ela pensa que não sinto nada cá de dentro
Ela se engana, eu sou como diário
No qual alguém escreve todos os seus sentimentos Oh
minha doce mãe permita-me viver!

Será que o facto do corpo ser teu,
Te faz dona do mundo?
Não! Estás errada porque Deus é o dono disto tudo
Cada dor, cada lágrima, só te peço que aguardes
Para este teu filho te dar a felicidade ao amar-te

Só peço que não dás cabo dá minha vida

Tirando-a sem que lhe é permitida

Pois a ti ninguém tirou este direito

Deixa-me mostrar-te do que um filho é capaz.

Suspira

Deixa-me gritar
Pois cansei de ser perfeita
Não quero ser mais exemplo
Pois ninguém vê os teus problemas

Podes fazer, isso é fácil, cansei de ouvir
O "como estás" é só formalidade
Ninguém quer saber na verdade
Minha mãe me disse "respira"
Minha irmã me disse "não pira"
Uma amiga me disse "sê forte"
Um amigo disse "erra e recupera"
Meu coração disse suspira uma última vez
Talvez o cenário mude e tudo quanto crês.

Viva por ti, faça o que gostas,
atreve-te a desafiar o mundo.

Jacira Félix

Um Olhar

Um olhar que não me dizia não

Que sentia forte paixão

Que não dava solidão só amor no coração

Esse olhar tinha ternura

Não faltava doçura

Esse olhar de mim não saia

Mas quem não gostaria

Teu olhar era cativante

Não te deixava carente

Simplesmente contente

Teu olhar era caloroso, simples

Quase fatal, mas um olhar é normal

para o início de uma grande paixão.

Não me peças

Não me peças mais o que não posso dar,

Não me peças para deixar de gostar

Não foi minha intenção

Este sentimento alimentar

Não foi algo que estive a esperar

De facto me apeguei muito facilmente a ti,

Ou será que desde a infância

Têm sido assim

Em certos momentos não sei como reagir

Do meu rosto surge um sorriso

Por pensar em ti,

E quanto aos nossos olhares

São como segredos trocados

Que ninguém entende só nós mesmos,

Conheço teus medos e desejos

Embora só não conheça seus sentimentos.

Mas os meus sentimentos

A muito que tenho estado a demostrar.

Não me peças para de ti, deixar de gostar.

Extraordinária

Sou aquela mulher
Que detesta ser vista como mimada
Digo o que penso, desculpa se não me importo
Não posso viver para agradar a todos,

Mas calma aí, não sou má pessoa
Sou apenas diferente da maioria
O que é bom pois isso me faz única
Determinada a ser feliz

Sou aquela mulher que chora quando fica irritada, Mas
não te enganes, pois minhas lágrimas não verão Sei
que é perigoso ter ferimentos perto de tubarões

Sou forte o suficiente para lutar pelo que quero
Optimista nos meus planos
Determinada para concretiza-los

E admirável pois levanto a cada fracasso

Se mundo não ficar mais fácil

Eu tratarei de ser mais forte

Se problemas pioram,

Me desligo dele através dos auscultadores

E de modo algum faltará um sorriso no rosto

Para mostrar que apesar dos problemas

Temos também um leque de soluções.

Arrependimentos

Nestes últimos dias tenho estado confusa

Fora do mundo fora de tudo

A primeira vez que decidi

Demonstrar meus sentimentos

Deram cabo de todos eles

Não sei o porquê?

Sempre achei que fosse uma garota incrível

E tinha o cuidado de seleccionar quem podia gostar,

Mas não é assim tão fácil

Tu não escolhes a pessoa de quem vais gostar

Nem tudo podes controlar

Quero esquecer cada conversa, cada saída

Quero deletar-te da minha memória

Talvez de mim já nem te lembres

A garota que tu jogaste fora

Machucaste o coração

E não te importas-te de ir embora.

Tenho medo

Desculpa não ser tão sociável

Lamento não ter iniciativa

É que me apego facilmente as pessoas.

E nem sempre elas valorizam isto

Às vezes crio muros a minha volta

Só para ver quem seria capaz de derruba-los por mim

Parece idiota, eu sei.

Mas depois quem sofre sou eu

Fácil são elas entrarem na tua vida

Difícil é permanecer

Tenho medo destas entradas e saídas

Pois algumas já não voltam a aparecer

Tenho medo de doar-me na totalidade

Tenho medo que não seja verdade

E este medo me faz retrair

Talvez agora não entendas,

Mas é muito doloroso

Ver todo mundo partir.

O futuro que quero

Eu quero um futuro que nenhuma criança Precise
dormir na rua
Quero que meus filhos não conheçam
A violência do mundo
Quero que cada governante seja líder
E não somente o chefe

No futuro eu que quero
Não poderá faltar jovens dedicados
Que queiram deixar a sua marca,
Levando o nome de Angola em toda parte

No futuro quero que ninguém retire
A criatividade do estudante
Faça dele um robô reprodutor de ideias
E não produtor de ideias
Pessoas evoluem usando a cabeça
Que na nossa formação não faltem pessoas

Que nos provoquem sempre

Para que nós saibamos usar nossa mente

Um futuro que além da igualdade não falte equidade

Um futuro que o amor de todos seja o ágape

Que o futuro seja melhor.

Fora de Época

Penso que nasci em uma época errada
Gosto de coisas que quase ninguém mais aprecia
Gosto de receber cartas
Com algum trecho de algum poema

Gosto de flores e chocolates
Gosto de andar de mãos dadas
Gosto de sentir-se amada

Gosto de passeios com piquenique
De ver o pôr do sol
De simples abraços e de beijos na testa

Gosto perder noção do tempo com certas pessoas
Gosto de fazer doces e comer doces
Gosto de alguns hábitos
Que a muito que estão perdidos

Se desse até usava um vestido com crinolina

Poderia ter também um bom dote

Para o belo casamento

Sinto que nasci num tempo errado

Isso se não existisse a escravidão, é claro

Mas quem sabe! Talvez podemos mudar

Esta realidade que não sabe os valores guardar.

Carta de alguém que já se foi

Oi, sei que ultimamente tens estado abatida

Por minha causa, peço desculpas por deixar-te,

Mas acredita não estás sozinha

Eu olho por ti daqui onde estou

Apesar de não poderes ouvir a minha voz

Eu te cuido e te oiço, chorar por mim pode

Afinal as coisas já não serão as mesmas,

Mas não diga que a vida também não será

Porque eu me orgulho de ser a pessoa que fui para ti

Me orgulho de fazer parte

Das pessoas que mudaram a tua vida

Me orgulho de ti e da pessoa forte que te tornas-te

Quem sou eu?

Alguém que teve o benefício de ter-te por perto Nesta

vida passageira que ninguém sabe o destino, Mas o

meu infelizmente chegou cedo´

Não pense muito em mim

E quando o fizerdes

Lembra é das coisas que te fazem sorrir

Posso não estar aí presencialmente,

Mas no teu coração ficarei eternamente.

Expectativa

E finalmente, eu desejava que desse certo

Que talvez um grande amor

Estivesse para ser desperto

Que finalmente, o meu coração

Estava decidido a estar aberto

Mas de tudo não passou de expectativa

Me obrigas-te a estar na defensiva

Era mais fácil me avisares para não me apegar a ti,

Mas o que passou, passou, certo?

Não dá para continuar,

Embora não te queira também por perto

Pois tento esquecer todos estes momentos

Para não me ferir mais

É bom às vezes deixar o cérebro isento disto

Te permite pensar com clareza

E eu aqui olhando, no que deu simples expectativa.

Deixar de reclamar?

Como o farei, se de tudo o que dizes

Tu próprio não cumpres as directrizes

Não que eu queira que sejas tal como antes

Só quero que não esfrie o sentimento

Que a muito tempo da nossa vida fez parte

Deixar de reclamar?

Nah nunca o fiz, embora podia

Pois dinheiro em cima da mesa

não significa necessariamente ter comida na mesa

E quando peço para estarmos juntos

Não é egoísmo da minha parte

Gosto de estar contigo

Devias é valorizar este meu hábito antigo

Perguntas

Quem vai me dar dinheiro para trançar?

Quem vai cuidar de nossas vidas?

Quem vai pagar minhas dívidas?

Querido, nunca gostei de ser totalmente dependente

Tenho meu trabalho, e já sabias tu

Que não seria diferente

Vamos construir o nosso império juntos

E ninguém ficará com 100% das contas

Para resolver nossos assuntos

Não que não confie em ti, só quero evitar

Alguma forma de complexo ou abusos

Trabalho e já estudei

Não queiras negar aquilo que conquistei

Usei tanto a massa cinzenta até que exaustei

Mas voltando ao assunto que contestei

Toda acção provoca uma reacção

Depois não venhas dizer que estou muito distante Pois

estes pedidos a cada dia

Tornar-se-ão inconstantes

Eu posso deixar de reclamar como tu o dizes,

Mas se decidires os meus pedidos seguir

Não fazes ideia de quanto vamos evoluir

Não é ser chata

Só que às vezes deixo de ser sensata

E não me venhas com tentativas

De descarregar o cansaço

Provavelmente antes de tudo, já estarás apagado

Devido ao teu famoso cansaço,

Mas deixar-te-ei reflectir sobre isso

É que eu às vezes preciso de saber

Se a chama que existe entre nós

Não se apagou de vez.

A criatividade não serve para nada
se ela nunca for mostrada.

Jacira Félix

Não se esqueça de cuidar de mim

Carreguei-te por nove meses

Não foi nenhum castigo pelo contrário

Foi uma bênção

Dar-te de comer, foi minha prioridade

Mas da vida de uma mãe isto faz parte

Embora muitas não exerçam seu papel como deviam

Só peço que me cuides e ao relento não me deixes

Várias vezes não vesti os melhores trajes

Para te dar suporte

Na escola conseguiste estar

E apesar das poucas condições

Conseguiste te destacar

Só não te esqueças de me cuidar

E me amar como a ti eu amo

Mesmo que não consiga falar

Escuta meu filho o que estou a falar

Não sou eterna, um dia cá já não vou estar

Aproveita a minha presença

E não tente criar nenhuma desavença

Eis aqui um conselho da mulher que te viu crescer

E tudo fez para melhor te criar.

Promessas

Lembro-me exactamente o que me foi dito:

"De cuidar de ti jamais ficarei exausto

Proteger-te-ei em qualquer lado

Não que não sejas capaz de cuidar de ti mesma.

Mas é algo no qual tenho prazer por fazê-lo

Nas noites frias de cacimbo jamais ficarás ao relento

Sobre o céu estrelado traçaremos um mapa

De estrelas, constelações, não sei

O que será exactamente,

Mas sei que por ser contigo será diferente

Não vamos caminhar sem rumo

Eu já tenho certeza de tudo

Vamos é começar somente

Escrevendo a nossa história

"Sei que será linda e cheia de Glória"

Lembrei do que foi dito e jamais me esqueceria disso

Porque tu, sei lá, és alguém que valeu a pena

Deixar-te de mim cuidar.

Na calada da noite

Eu reflicto sobre tudo que têm acontecido

No momento estou sozinha no quarto

Já devia ter adormecido,

Mas meus pensamentos recusam-se

Me deixar em paz

São várias preocupações

Que me causam várias emoções

Embora a noite esteja fria

Minha cabeça está quente

São muitos problemas

Só espero que na hora de dar-lhes solução

Eu seja prudente

Cansada estou, mas o sono ainda não chegou

Coloco a música no telefone

Para me ajudar a acalmar

E de repente o mau humor diminui

Coloco a cabeça no travesseiro

Na expectativa de um novo começo,

Mas e se este novo não der certo?

Poderei falhar?

Poderei me decepcionar?

Os planos poderão não se realizar?

Pergunto a mim mesma

Tudo depende da dedicação

E da motivação, falhar vai te fazer aprender

Sobre o necessário para da próxima vez vencer

Dorme que amanhã será um novo dia

Neste livro da vida q

Que ainda têm muitas páginas em branco

Para por ti serem escritas.

Sobre o tempo

Sobre o tempo, a muita coisa quero dizer

Não sei se neste livro irá caber

Ele é algo muito interessante

E da mesma forma importante

Por isso tenho alguns conselhos a dar

Já vivi o suficiente para várias decisões ter de tomar

Então melhor começar enumerar

De valor as pessoas que valorizam tua presença

Poucas pessoas sabem o quanto é incrível

Estar na tua companhia

E poucas ainda que querem o bem na tua vida

Não humilhes e nem maltrates ninguém

A dor da humilhação é quase inesquecível

E desencadeia sentimentos que podem causar coisas

Que nem gostarias de imaginar

Pessoas não são eternas

Que tal se os elogios, a saudade e a admiração
Exprimissem hoje
Talvez ela precisa disso neste exacto momento

Discriminar é fácil quando não somos nós,
Se cada um pensar que o outro sou eu
Talvez podíamos evitar muito sofrimento
Local de trabalho, universidade, escola
Não são campos de guerra

Cemitério é um lugar que nos faz reflectir
Que um dia todos iremos partir
Viva como se fosse um doente
Que têm poucos dias de vida

Doe-se mais, ame mais, ajude mais
Console mais, mude o mundo com pequenas atitudes
Desta forma aproveitarás a vida
Serás lembrado com afecto
Vivenciarás o teu talento

Sobre o tempo têm muito que se dizer,

Mas deixo que descubras o que ele têm a dizer,

Afinal todos nós queremos conhecer.

Em frente do mar

Da baía de Luanda
Te escrevo esta carta
Ao som do barulho das águas do mar
E das gaivotas que sobrevoam o mesmo

Queria é concentrar-me em ti,
Mas diante desta paisagem
Só gostaria que aqui estivesses

A brisa é agradável e está tudo calmo,
Afinal quem fica na baía em plena quinta-feira,
Estou num dos bancos próximo ao jardim
Tirei o meu bloco de notas e escrevi,

Mas depois decidi que seria uma carta
São três da tarde, gostaria de sempre ter esta calma,
Mas não direi mais nada
Deixarei que, tu mesmo vejas
Do que a baía tem para ofertar.

Acorde meu povo

Acorda meu povo
Descubra-se de novo
Não te limites não seja preguiçoso

Tenha mente aberta,
Mas não esqueça sua essência
Não perca os valores
A vida não é sempre feita de aparências

Se planos do futuro não tens
Que raio de inovação vais ter
É necessário se dedicar
É necessário saber se focar

Duvide de tudo fortifique tuas bases,
Não espera surgir uma oportunidade crie uma
Faça o que for necessário para vencer o mundo
Lute por ti não espere nem mais um segundo.

Ilumine

Seja o sol na vida de alguém

Faça diferença para quem nada tem

Seja a luz na escuridão Age com o coração

Não julgues o problema

Se do mesmo nada compreendes

Não julgue a pessoa

Se com ela nunca conviveste

De várias formas podemos mudar o mundo

Podemos começar neste mesmo segundo

E quando amanhã perguntarem o que fizemos?

Teremos muito para contar

Ilumine e ajude cada pessoa a brilhar

De disputas o mundo que já está cheio

Deixe tuas marcas no mundo

Para um dia ele de nós se lembrar.

Vida

Viver, cinco letras com muito significado
Que determinam se nosso tempo
Está sendo bem aproveitado,
Amor, palavra maravilhosa
Que pode ser melhor se for demonstrada,

Morte, palavra que nos faz dar valor
A quem já esteve do nosso lado
Porquê escrevi isso?
Descobri que a vida é um sopro
Uma actividade que nem subir o cume da montanha

Começamos bem, cheios de energia, cheios de fôlego,
Mas após certo tempo nos cansamos
O ritmo diminuiu, perdemos o fôlego

A princípio queríamos chegar em grande estilo
Depois só queremos chegar

E quando chegamos e o corpo não aguenta

Ele se desequilibra e podemos cair

Da mesma montanha

Por isso valorize, os amigos que escalam contigo

A família que te dá o suporte e a pessoa que te dá

Amor de uma forma incondicional,

Porque nem sempre terminamos de escalar,

Mas é necessário que todos saibam

O real valor e sua função nesta missão.

Gosto de ser diferente, ser diferente
me torna única e isso faz de mim
extraordinária

Jacira Félix

Deus

Era uma manhã estranha

Na noite anterior não consegui dormir

Eram vários problemas, pessoas não entendiam

Amigos ouvem, mas por vezes julgam

Eu estava perdida, sem me abrir com ninguém

Voltei a colocar a cabeça na almofada

Chorei, solucei, lamentei,

Mas senti um calor próximo de mim,

Uma sensação de tranquilidade

Como um forte abraço de um pai

Que me dizia para não chorar,

Mas era mesmo meu pai,

Não foi necessário dizer ou explicar, pois ele já sabia

Ele não nos julga apesar de certas pessoas o fizerem

Ele quer a nossa felicidade, ele te acalma e ampara

Ele é beleza e amor

E naquele momento de tumulto tudo passou

Às vezes só precisamos de silêncio

Para ouvir a sua voz,

E a partir daí passei a crer mais nele

E deixar de ter medo do fim,

Pois o fim é o meu encontro com ele.

Perfeita imperfeição

A vida não é tão imperfeita assim,
Nós vivemos idealizando a perfeição
Não nos permitindo aproveitar cada momento

E absorver pequenas coisas que fazem a diferença,
Desde aproveitar um dia de chuva e abrir as janelas
Para sentir a terra molhada

Aproveitar os problemas
Para encontrar novas soluções,
Mas acima de tudo não tentar agradar ninguém
Porque por vezes, já achamos a nossa perfeição,

Mas a opinião de terceiros não nos permite viver
E que tal se vivêssemos
Como se tivéssemos os dias contados
Apreciaríamos com mais prazer as coisas mais simples
Não porque ficaram mais bonitas,

Mas como sabemos que estamos em fase terminal

Aproveitamos de tudo

Como nunca antes tínhamos vivido

Porque foi nos dito para fazer uma caminhada,

Mas não para prestar atenção a cada caminho

Foi nos dito para ajudar, mas não apreciar

A alegria de quem esta a se beneficiar

Foi nos dito para terminar a licenciatura

E não para aproveitar o momento

E criar laços para a vida na universidade

Foi nos dito para vivermos mas não como vivermos.

Vamos esquecer o amanhã

Vamos viver como se hoje fosse o nosso último dia
Vamos dar um "eu te amo" aos nossos pais
Vamos abraçar nossos irmãos
Vamos fazer uma boa acção

Vamos ligar para amigos e marcar saídas
Vamos beijar o nosso amor enquanto estamos em vida
Vamos explorar, descobrir e viajar

Vamos ser desinibidos, deixar de ser conformistas
Vamos ser aventureiros, vamos viver no extremo
Vamos desafiar o tempo, vivendo o máximo.

Mulher

O que dizer deste estranho ser

Que muitos tentam compreender

Deste ser dedicado e que deve ser valorizado

O que dizer deste ser que têm muito amor

E que também teve várias cicatrizes

Ao longo de tua vida causadas pela dor

Não sei se chamo tesouro, dádiva ou obra de arte

No qual do homem fazia parte,

Mas em quase nada se assemelha

Ela é incrível e guerreira

Capaz de tudo até de mudar o mundo,

Mas vamos voltar ao assunto

Ela é aquela mãe dedicada que cuida de seus filhos

Transformando a casa em um lar

É a irmã que é exemplo e protege teus irmãos

É a filha que já é responsável e é braço direito dos pais
É motivo de alegria

Mesmo feliz, chora
Mesmo doente, levanta e faz refeição
Ela é multitarefa e executa tudo com muita dedicação

Oh bela e doce mulher, neste dia que é teu
Muito quero dizer,
Mas vou terminar este poema
Desejando um feliz dia da mulher.

Perspectiva

Não existe uma pessoa não inteligente ou fracassada

Tudo depende de como encaramos o mundo

Cada problema e situação em que estamos

Nos faz crescer e evoluir se tentarmos resolver

O génio não nasce, cria-se

Não tentes provar nada a ninguém

Invés disso desafia-se

Não deixes ninguém te colocar limites

Persista nos teus sonhos, acredite!

Não faça parte do grupo de pessoas

Que deixou de acreditar em ti

Traça o futuro e quando alguma dúvida

Tiverdes sobre o que escolher

Fique em silêncio e deixe Deus te guiar

Ninguém sabe da tua jornada

O teu esforço, tua dedicação

E os vários sacrifícios que até aqui fizeste

Por isso não deixa ninguém te fazer perder a cabeça

Orgulha-te de ti mesmo

Não tentes provar ao mundo,

O valor de um diamante bruto.

Talvez

E se eu ligasse será que isso elevaria o teu ego

Ou simplesmente ficarias feliz em ouvir a minha voz?

E se eu convidasse para sair?

Aproveitarias minha companhia

Serias verdadeiro?

Ou simplesmente, concordarias,

Mas por ter te dado uma chance?

E se eu ficar devastada? Estarias lá para mim?

Ou te afastarias até o problema passar

E eu voltar a sorrir

E se eu desistir de algo por falhar?

Me motivarias ou nem por isso?

É um conjunto de suposições

Que crio em minha mente

Sei que muitas delas nem percebes,

Mas é normal isso analisar

Afinal quem não reflecte

Sobre benefícios e malefícios?

Mas o que quero é mesmo respostas

Do que farias se eu dizer

Que uma vida ao teu lado quero ter?

Siga em frente

Não tenha medo de seguir em frente
Pois às vezes é a única forma que tu aprendes
Não se desvalorizes não procure teus defeitos

Por mais que tudo parecia quase perfeito
Tu podes ter um recomeço
Saiba quando a tua presença deixa de ser importante

E não tentes arranjar inúmeras formas de voltar
Cuide de ti, aprecie a tua presença
Saiba deixar as pessoas ir
Afinal elas não servem para nós se querem partir

Saiba seguir em frente
Vai ser doloroso a princípio
Mas depois vai ser normal
Não esqueça que tu és sensacional.

Sucesso

Querer ter sucesso é algo muito complicado

Primeiro tens de te livrar de certos hábitos

O que doí, mas ajuda, frustrante, mas necessário

Aí há obtenção resultados demora

Tu passas por rejeições, noites sem dormir,

As lágrimas não te largam,

Mas a determinação e persistência continuam

E o sacrifício começa a dar frutos

O que muitos chamam de sorte

É muito complicado mesmo

Pois a parte do sofrimento ninguém vê

E muitos até riram de ti

Foco, fé e determinação

São o essencial para que neste mundo

Em que tudo é normal tu seres original.

Quem és tu?

E de repente me deparo com alguém

Que se destaca na multidão

Que me chamou atenção

Com um sorriso sensacional

Nem sei como chegar à pessoa

Tenho medo de fazer alguma bodega

Me limito a continuar aqui

Apenas tentando me lembrar se já te conheci

Na roda dos amigos parece estar se divertindo

E eu aqui sorrindo também que nem boba

Terminando a bebida no meu copo

Com cheiro de alfarroba

Ele é alto e esbelto

Tem um andar de modelo

E um belo corte de cabelo,

Mas é melhor parar

Esses sentimentos acautelar

Pois do jeito que ele é

Desarmaria qualquer coração de gelo

Pensando apenas

Cada um de nós já se perguntou

Que propósito tem no mundo

Cada um de nós tem aquele desejo de ser reconhecido

Buscar um caminho

Que ainda ninguém tenha percorrido

Queremos fazer o que gostamos

Embora desta opinião nem todos acordamos,

Mas o que seria da vida se todos fossem iguais?

Não teria graça nenhuma

Por isso não te preocupes com o resto

Não faça da tua vida um papel que terás de interpretar

Seja tu mesma, não deixa coisas fúteis te stressar

Permita-se ser feliz e muito amor transmitir

Aprenda que o facto de o mundo ser ingrato

E interesseiro

Tu não tens de agir da mesma forma

Essa atitude faz de ti um exemplo

Faça o que queres

Desde que as tuas atitudes o teu próximo não fere

Ouça, assista e vá onde gostas

Desde que não te prejudique

Se o mundo te usar, não mude

Apenas encare aquilo com calma e ajude

Pois o mundo às vezes nos desilude

Viva que nem alguém que tenha prazo de vida

Desta forma te importarás com o que é importante

E apreciaras tudo de uma forma brilhante

Faça da tua vida

O melhor presente para quem está em tua companhia.

Dona de si

Me caracterizar é complicado
Pois nem eu mesma me conheço
Estou em constante metamorfose,
Mas é claro não mudo em certos aspectos

Me apego facilmente as pessoas
Por isso tenho receio de conhecer muita gente
Vou chorar quando estiver nervosa ou feliz

Vou rir de algo engraçado
Ou talvez da minha própria desgraça
Tenho domínio de pouca coisa neste mundo,
Mas pelo menos tenho de mim mesma

Não tenho medo de cair
Tenho medo é de não conseguir levantar
Sou forte, sou linda, sou maravilhosa e incrível
Sou única, querida, às vezes um pouco doida
Sou quase perfeita sou dona de mim mesma.

Faça da tua vida parte da história do mundo

Jacira Félix

Sobre a autora

Jacira da Graça Carvalho Félix nasceu em Luanda capital de Angola a 12 de Março. Gosta de escrever e ler, acredita que escrever é uma forma de ser imortal. Escreve poemas, romances e fantasia, acredita que não existe nada que um livro não possa ensinar e que um dia seus romances serão adaptados para filmes e peças. Gosta de apreciar as coisas mais belas da vida.

Agradecimentos

Agradeço a Deus pelo talento incrível e libertador que ele me deu, a minha mãe, meu anjo da guarda, meu tesouro Maria de Fátima J. B. C. Félix embora ela não soubesse que eu tinha o hábito de escrever ela é a minha héroina e lhe amo muito, ao meu querido pai Jacinto Félix, meus tesouros ou como eu gosto de tratar-lhes minhas outras mães Madalena da Piedade e Nazaré Janota vocês tem feito tudo por mim e vós amo muito são os melhores exemplos de mulheres que eu poderia ter e minhas amigas acima de tudo que querem o melhor para mim, sem vocês eu não seria quem seria quem sou obrigada por tudo, meus irmãos, agradeço a Janota N'zogi e Benevenito da Piedade que me deram sugestões de publicação e indicaram como proteger minha obra.

As minhas irmãs de outras mães que Deus me deu e me motivaram em todo momento dizendo que tudo devia dar certo mulheres incríveis, sensacionais, determinadas, queridas e fortes que eu admiro e tenho muito carinho por elas, também meus diários em pessoas rsrs são elas:

Cleidmira Pereira, Gilead Mandavela, Mónica Manuel, vós amo muitissímo pessoas que tenho na minha vida a sete, oito e a dez anos e obrigada por cada momento, sorriso, experiências, cada conselho que partilhamos juntas, palavras para descrever o quanto vocês são importantes na minha vida não tenho é muita coisa que podia dizer sobre vocês mas daria um livro se assim fosse, são pessoas muito especiais em minha vida vocês são o meu suporte. As outras irmãs e irmãos que Deus me deu que também são muito importantes para mim vocês me deram força quando mais precisei Isabel Teles a minha miúda, mulher forte dedicada e doce obrigada por tudo, Engrácia Gouveia mulher doce e determinada, Nazilca Sebastião um doce de pessoa,ao meu amigo Benedito do Rosário, não podia me esquecer também da Bhama Lubadikadio, D'Jary Carneiro um anjo de pessoa, Inocência Daniel uma pessoa incrível e todos que de alguma forma me ajudaram a publicar este livro, me incentivando, e a ti que o leste até o final obrigada por tudo.

Outros livros da escritora

9 789892 096452